DE
L'ABSTRACTION

considérée relativement aux Beaux-Arts et à la Littérature

QUATRIÈME PARTIE

d'un ouvrage intitulé : *De l'Abstraction considérée comme élément des connaissances humaines dans la recherche de la vérité absolue.*

PAR M. E. CHEVREUL

membre de l'Institut et membre honoraire de l'Académie de Dijon

DIJON

IMPRIMERIE J.-E. RABUTOT

place Saint-Jean, 1 et 3

1864

R

DE L'ABSTRACTION

CONSIDÉRÉE RELATIVEMENT

AUX BEAUX-ARTS ET A LA LITTÉRATURE

R

(Extrait des *Mémoires de l'Académie de Dijon*, 1863.)

DE
L'ABSTRACTION

considérée relativement aux Beaux-Arts et à la Littérature

QUATRIÈME PARTIE

d'un ouvrage intitulé : *De l'Abstraction considérée comme élément des connaissances humaines dans la recherche de la vérité absolue.*

PAR M. E. CHEVREUL

membre de l'Institut et membre honoraire de l'Académie de Dijon

DIJON

IMPRIMERIE J.-E. RABUTOT

place Saint-Jean, 1 et 3

1864

©

AVANT-PROPOS

—

Très sensible à l'honneur que m'a fait l'Académie, en m'associant à ses travaux, je serais heureux qu'après avoir imprimé dans le recueil de ses Mémoires deux livres d'un ouvrage inédit, elle jugeât n'avoir pas reçu à titre onéreux l'œuvre offerte comme un témoignage de gratitude.

L'ouvrage inédit a pour titre *de l'abstraction considérée comme élément des connaissances humaines dans la recherche de la vérité absolue*. Il est divisé en sept parties.

LA PREMIÈRE comprend des prolégomènes dont l'objet est de faire connaître le sens que je donne aux mots *abstration* et *fait*. En définitive j'arrive à cette conclusion que le *concret* ne nous est connu que par l'*abstrait*; et que toutes nos connaissances n'étant que des abstractions, les faits sont des abstractions précises. (Voir mes lettres à M. Villemain.)

LA SECONDE PARTIE traite de l'abstraction relativement aux *sciences mathématiques, physiques, chimiques, minéralogiques* et *géologiques*.

LA TROISIÈME PARTIE envisage l'abstraction relativement aux *sciences des êtres organisés*, l'*anatomie*, la *physiologie*, l'*organogénie*, la *méthode naturelle*, la *médecine* et l'*agriculture*.

La QUATRIÈME PARTIE considère l'abstraction relativement aux beaux-arts et à la littérature.

La CINQUIÈME PARTIE s'occupe de l'abstraction relativement à l'histoire et à la philosophie.

La SIXIÈME PARTIE est consacrée à l'abstraction considérée relativement à la connaissance de l'homme même.

La SEPTIÈME PARTIE traite de l'application à la certitude de nos jugements de l'abstraction telle qu'elle a été envisagée dans les six parties précédentes.

C'est la QUATRIÈME PARTIE que je présente à l'Académie : elle est composée de deux livres, le premier relatif à l'abstraction étudiée dans les beaux-arts, et le second relatif à l'abstraction étudiée dans les compositions littéraires.

INTRODUCTION

AUX LIVRES I ET II

Je me propose d'examiner dans le livre I le genre d'abstraction propre aux œuvres de la sculpture, de la peinture, de l'architecture, de la jardinique, de la musique, et de consacrer le livre II au genre d'abstraction propre aux œuvres de littérature proprement dite, qui n'ont pas le caractère scientifique ; tels sont les poëmes, les pièces dramatiques, les romans, etc.

Un caractère commun aux œuvres dont je viens de parler est qu'on ne peut rien y ajouter, rien en retrancher sans les dénaturer. Elles ont en outre un caractère d'*absolu* qui les isole les unes des autres, parce qu'en effet aucun lien de subordination ou de dépendance quelconque ne les unit ensemble ; nous les admirons, nous les critiquons intrinsèquement, toutes les fois que notre examen concentré sur elles-mêmes ne les envisage pas relativement à leurs auteurs respectifs avec l'intention de juger ces derniers en tenant compte des difficultés plus ou moins grandes que chacun a surmontées.

Mon intention n'est point de traiter ce sujet dans ses détails, mais simplement de définir par quelles abstractions ces œuvres nous parlent, nous émeu-

vent, et comment de ce langage et des émotions qu'il
excite, je tire des conséquences propres à établir que
les beaux-arts, y compris la poésie, ne nous entretiennent que d'abstractions, lors même qu'à l'instar
de la sculpture et de la peinture, ils présentent à la
vue une œuvre reproduisant l'image du *concret* quant
à la forme et la couleur.

—

LIVRE PREMIER

DE L'ABSTRACTION

CONSIDÉRÉE

DANS LES RAPPORTS DES BEAUX-ARTS AVEC L'HOMME

———

INTRODUCTION

Si l'abstraction est la base de toutes les connaissances positives qui constituent les sciences, et si, comme j'ai cherché à le prouver, ce qu'elles nomment des *faits* ne sont que des abstractions précises parfaitement définies, il n'est pas moins important pour la connaissance de l'homme de démontrer que les beaux-arts n'offrent au sens auquel chacun d'eux s'adresse que des abstractions, quand même ils nous présentent un objet, un portrait, par exemple, qui semble réunir toutes les propriétés, toutes les qualités, tous les attributs visibles d'un modèle *concret*.

Mais chacun des beaux-arts ne produit tout l'effet dont il est susceptible qu'autant que des idées relati-

ves au passé ou à l'avenir s'associent à l'impression
que nous en recevons. Dans le premier cas, à l'impression du présent s'associent des souvenirs d'autant
plus capables de nous émouvoir, que les choses qu'ils
retracent sont absolument passées, que jamais nous ne
les verrons se reproduire; dans le second cas, à l'impression du présent s'associe l'idée d'un avenir susceptible de revêtir toutes les formes, de prendre toutes
les couleurs, d'offrir enfin toutes les harmonies que
l'imagination se plaît à créer, lorsqu'elle s'engage
dans un espace sans borne, qu'elle s'abandonne à une
durée sans fin, en d'autres termes, lorsqu'elle se perd
dans l'infini de l'espace et du temps. C'est principa-
lement à ce dernier point de vue que l'impression de
l'art venant à s'associer à la pensée religieuse, donne
à celui qui l'éprouve l'idée la plus élevée de l'art humain, par la sublimité même de la pensée dont son
œuvre est l'occasion.

Au principe de l'association des idées, si fécond en
conséquences pour celui qui remonte à l'origine des
effets des beaux-arts afin d'apercevoir l'intimité de
leurs rapports avec nous-mêmes, doit se joindre dans
l'esprit de quiconque veut se rendre compte de la
spécialité de chacun d'eux, la prise en considération
de ce qui est *simultané* ou bien *successif*, parce que
des faits qui tombent immédiatement sous nos sens
ou des phénomènes subordonnés à cette distinction
découlent, lorsqu'ils ont été nettement définis, des
caractères précis propres à grouper les effets des diverses sortes de beaux-arts.

Le tableau suivant résume fidèlement mes idées sur
les rapports des beaux-arts avec nous-mêmes, lors-

que nous les envisageons au point de vue de la simultanéité ou de la successivité de leurs effets.

Beaux-arts parlant

A. aux yeux	sculpture peinture architecture jardinique	effets simultanés. effets simultanés plus grands que les effets successifs.
B. à l'ouie	musique	effets simultanés moindres que les effets successifs.
C. à l'esprit	poésie	effets successifs que la mémoire peut se représenter simultanés.

CHAPITRE PREMIER

De la Sculpture.

La sculpture, en se bornant à la représentation de
la forme des objets, est un des beaux-arts dont le
langage porte au plus haut degré d'évidence le caractère de l'abstraction ; car dans son œuvre les parties d'un modèle matériel ne sont plus distinctes par
la couleur ou par toute autre qualité analogue de
leur surface.

L'appréciation rigoureuse des effets de la sculpture
exige qu'on distingue la statuaire de l'art exclusive-
ment appliqué à représenter des formes végétales, à

faire des ornements, des vases, des objets en un mot qui ne comportent point la qualité de l'*expression*, ou, s'ils la comportent, ce n'est point au même degré que l'œuvre reproduisant la forme humaine. En effet les formes végétales, les ornements, les vases destinés à la décoration proprement dite, par l'usage d'accessoire qu'en fait l'architecture, ont un caractère de subordination bien propre à les distinguer des statues auxquelles l'*individualité* des personnages que chacune représente donne le caractère d'absolu qui est essentiel aux œuvres principales et indépendantes de toute autre.

La partie la plus noble, la plus élevée de la sculpture, la seule d'où elle tire le caractère qui la place au rang des beaux-arts en la rendant rivale de la peinture, est donc la représentation de la forme humaine avec toutes les qualités que nous attribuons à l'expression. Il ne suffit donc pas que l'œuvre du statuaire reproduise fidèlement la forme du modèle pour mériter la qualification de parfaite, car si elle manque de l'expression la plus noble et la plus élevée, que la forme reproduite comporte, sans pourtant blesser la vérité de la ressemblance, le but de l'art ne sera pas atteint.

C'est encore parce que cette représentation est la plus abstraite de la forme humaine, que l'œuvre de la statuaire se prête le plus à toutes les associations d'idées des spectateurs, à toutes les qualités que l'imagination de chacun d'eux peut ajouter à la forme reproduite, afin de l'embellir selon son goût particulier. En un mot le caractère d'extrême abstraction est précisément ce qui lui imprime au plus haut degré le cachet de l'idéal. Par exemple tous les admirateurs de la Vénus de Médicis ou de la Vénus de Milo ne se partageraient-ils pas en deux classes, s'il s'agissait de choisir entre deux peintures également irréprochables sous le rapport de l'art, dont l'une représenterait la beauté sous les traits d'une femme blonde, tandis que l'autre la représenterait sous les traits d'une femme à cheveux noirs?

Mais il importe de faire remarquer qu'en raison de cet idéal auquel l'œuvre de la statuaire se prête si bien, elle compte moins d'admirateurs dans la foule dont l'esprit manque de culture, que n'en compteront d'autres œuvres douées de caractères moins abstraits ou en d'autres termes présentant des images plus rapprochées du modèle concret. N'est-ce pas dans l'intention de rendre l'effet de l'œuvre du statuaire moins abstrait, que, pour fixer l'attention du peuple sur des figures, sur des statues placées dans des églises, dans des temples, etc, on a appelé la couleur à concourir avec la forme pure de la statuaire? N'est-ce pas là une des causes de l'invention de la *toreutique*? N'est-ce pas là une des raisons qui fit préférer celle-ci à la statuaire lorsqu'il s'agit d'offrir aux regards des peuples la figure du Jupiter Olympien?

Je dis une des raisons, parce qu'il me semble qu'après avoir décidé que la statue serait colossale, l'exécution de celle-ci ait été plus facile à Athènes par les procédés de la *toreutique* (1), que s'il eût fallu la tailler dans le roc à l'instar des colosses de l'Egypte.

_____

(1) Τορος, instrumentum ad perforandum. *Toreutique*, l'art de travailler avec le τορος.

En envisageant le statuaire au point de vue de l'abstraction, n'est-on pas conduit à la considérer comme l'art le plus sublime? Dès lors tout ce qui tend à en affaiblir l'impression par la reproduction des formes vulgaires, par la réduction du modèle à de petites dimensions, ne s'éloigne-t-il pas de l'essence de l'art? enfin le grotesque n'est-il pas le démenti le plus formel que le statuaire puisse donner à la vérité des principes dont il doit être pénétré, s'il veut atteindre au plus haut point de son art?

CHAPITRE II

De la Peinture.

Si la sculpture représente la *forme* du modèle, on peut dire que la peinture n'en représente que l'*apparence* au moyen du dessin exécuté d'après les règles de la perspective linéaire, et des couleurs employées d'après les règles du contraste, du clair-obscur et de la perspective aérienne. Lorsque la peinture est parvenue à produire toute l'illusion dont elle est capable, que le relief de l'objet peint ressort parfaitement, la disposition du spectateur à confondre la copie avec le modèle est bien plus grande qu'elle ne le serait s'il s'agissait d'une forme simplement reproduite par la sculpture. La foule doit donc en général rechercher les tableaux plus que les statues, et conséquemment le caractère abstrait étant moins prononcé dans les premiers que dans les secondes, l'œuvre du peintre comporte moins l'idéal que l'œuvre du statuaire.

Lorsque je dis que le caractère d'abstraction est moins prononcé dans la peinture que dans la statuaire, je parle relativement au spectateur à l'égard duquel le peintre a porté l'illusion au plus haut degré par le relief qu'il a su donner à une figure plane, et j'entends que son œuvre est plus complexe à cause de ses attributs, la forme et les couleurs, que ne l'est l'œuvre du statuaire bornée à la reproduction de la forme; mais, quoi qu'il en soit, le caractère d'abstraction de la peinture se montre au plus haut degré dans la reproduction fidèle d'une forme colorée, qui n'est pas le modèle concret, mais qui, au moyen des matières colorées habilement distribuées par l'artiste sur une surface plane, offre à la vue la propriété inhérente au modèle d'avoir une figure déterminée que la lumière nous fait connaître.

Les considérations précédentes et une remarque signalée ailleurs (1) que l'œil n'aperçoit dans un tableau d'une manière distincte qu'un petit nombre de choses à la fois, expliquent un fait qui a vivement préoccupé les artistes et les gens du monde, lorsqu'il s'est agi d'apprécier exactement la valeur que la reproduction absolument fidèle de l'image d'un modèle est susceptible de donner à une œuvre de peinture. Grâce à la photographie on se procure aujourd'hui l'image la plus fidèle d'un objet, en tant qu'il s'agit de la netteté du trait, de la perspective linéaire, et

---

(1) De la loi du contraste simultané des couleurs.

d'une dégradation suffisante des clairs et des ombres.
Si la grande fidélité, quant aux qualités précitées des
images reproduites par ce procédé, doit les rendre
toujours précieuses, et j'ajoute plus agréables que des
dessins médiocres et assez vrais de ressemblance, cependant jamais elles ne produiront sur le spectateur,
quel que soit le perfectionnement qu'on apporte à
l'invention de Nicéphore Niepce, les effets du tableau
d'un grand artiste, par la raison que celui-ci ne peint
pas *tout* ce qu'il voit; il choisit, il change même
quelque chose dans certains effets qu'il représente
afin de faire saisir, d'agrandir un attribut; eh bien,
ce qu'il a dissimulé, omis, concourt, avec ce qu'il a
choisi et modifié, à faire voir au spectateur certaines
qualités, certains rapports qu'il a ainsi *abstraits* des
autres, afin de captiver l'attention dans un sens déterminé plus fortement que ne le ferait la vue du
modèle même.

Si l'artiste fait une abstraction en sacrifiant un effet
à un autre dans l'image du plus petit objet, il doit en
faire de nombreuses dans un tableau quelconque
composé d'un grand nombre d'images, lors même
que celles-ci se rapportent à des objets immobiles
comme le sont par exemple les fleurs d'un bouquet.

Quand il s'agit de représenter la vue d'un paysage,
ou une réunion de figures concourant à un acte, soit
de la vie privée, soit de la vie publique, et dans ce
cas le sujet pourra être un trait historique, une assemblée, une bataille, le peintre, pour être vrai, ne
pouvant représenter qu'*un instant* dans un paysage
dont les clairs et les ombres varient continuellement,
et à plus forte raison ne pouvant reproduire qu'un

instant d'un événement, d'une scène d'une certaine
durée, il est obligé de choisir *cet instant* parmi *d'autres ;* dès lors cet instant doit être considéré comme
une véritable abstraction de la somme des instants
composant la durée de l'événement de la scène qu'il
a choisie pour sujet de son œuvre.

Si le peintre fait ainsi une abstraction pour le temps,
il en fait pareillement une pour l'espace, surtout lorsque le modèle occupe une grande étendue, qu'il s'agit,
par exemple, d'un vaste paysage, d'une assemblée
nombreuse, d'une bataille où des masses d'hommes
sont aux prises.

Développons ce cas comme dernier exemple des
abstractions nombreuses et considérables que fait le
peintre, quant au temps et à l'espace, en peignant
un tableau désigné si improprement par la dénomina-
tion de *bataille ;* car en réalité il ne représente qu'*un
instant*, soit d'une scène ou d'un épisode de la bataille, si les personnages sont de grandeur naturelle,
soit de l'action générale des masses opposées, qui se
composent dans ce cas de petites figures dont les
physionomies nous échappent à cause de l'exiguité
de leur taille. Dans le premier cas il y a abstraction
de temps et d'espace; dans le second il n'y aura
qu'abstraction de temps, si la peinture est telle qu'à
l'instant choisi par l'artiste, la disposition de toutes
les masses s'offre à la vue du spectateur.

Quoique l'œuvre du peintre se rapporte à la *simultanéité*, et qu'elle diffère beaucoup sous ce point
de vue du chant du poëte et des récits de l'historien
qui se rapportent incontestablement à la *succession*,
cependant dans le travail intellectuel du grand pein-

tre d'histoire qui a précédé l'exécution, il y a eu quelque chose d'analogue au travail de l'écrivain, et dans la détermination de *l'instant* qu'il a su choisir convenablement, il a surmonté une difficulté que le poëte comme l'historien ne rencontrent pas, puisque la parole retrace toujours une série d'instants ; dès lors la difficulté de n'en choisir qu'un seul à l'exclusion des autres, n'existe pas pour eux.

CHAPITRE III

De l'Architecture.

Je dois me borner à ne considérer dans l'architecture que la forme des monuments qu'elle élève, sans m'occuper de l'utilité et de la convenance de leurs dispositions intérieures si ces monuments sont des édifices. C'est donc la forme qui, en captivant l'esprit par l'intermédiaire de la vue, établit entre l'œuvre de l'architecte et celle du sculpteur une relation qu'il faut examiner, puisqu'il est incontestable qu'en envisageant ces deux œuvres sous le rapport de la *forme*, elles nous entretiennent du même attribut de la matière, de la *même abstraction*.

Il y a cette différence extrême entre la forme architectonique d'un monument et la forme de la sculpture du style le plus élevé, que celle-ci se rapporte à la figure humaine, tandis que l'autre forme considérée dans ce qu'elle présente de plus général tant à l'extérieur, qu'à l'intérieur s'il s'agit d'un édifice, n'a nulle relation avec les formes de la nature animée et que c'est essentiellement par des formes plus ou moins régulières appartenant à la géométrie qu'elle frappe d'abord la vue du spectateur par la grandeur et surtout la proportion des parties.

Si de l'impression générale que nous recevons de la vue d'un monument en vertu de sa grandeur, de sa beauté, de son élégance, nous passons aux impressions des détails, nous voyons l'architecture recourir à des ornements accessoires, œuvres de la sculpture, parmi lesquels il en est beaucoup qui rappellent des formes de la nature vivante. Tels sont les feuilles d'acanthe du chapiteau corinthien, les rinceaux, des ornements qui par le nombre, la forme et la symétrie de leurs parties, se rapportent à des feuilles, à des fleurs ; enfin des figures d'animaux, des figures d'hommes soit en bas-relief, soit en ronde-bosse, viennent souvent concourir avec la forme architectonique proprement dite pour en compléter les effets.

Mais si la régularité, la symétrie, l'élégance des parties des formes végétales ont la plus grande analogie avec les formes architectoniques par la facilité avec laquelle elles rentrent dans les formes géométriques, il n'en est plus de même des formes empruntées aux êtres animés et en particulier à l'homme. En développant la condition à laquelle cette dernière est soumise dans l'œuvre architectonique, ce sera l'occasion de développer une différence essentielle entre l'architecture et la sculpture.

La forme architectonique agira sur nous par sa grandeur d'abord, ensuite par sa beauté et son élégance, enfin par la symétrie et les proportions harmonieuses de ses parties. Mais aucune de ses impressions ne se liera à celle que nous recevons de la vue de la forme humaine reproduite par la statuaire. Si maintenant la forme architectonique présente des parties distinctes, comme des colonnes, des ornements, ces parties doivent être répétées et symétriquement placées; et c'est surtout dans l'observation du principe de la répétition et du principe de la symétrie qu'on trouve la raison pour laquelle la figure humaine, employée en architecture, est tout à fait subordonnée, parce qu'en effet sa grandeur étant toujours minime relativement à l'œuvre architectonique, elle ne peut produire d'effet que parce qu'elle sera répétée, symétriquement placée, en un mot qu'elle rentrera dans la condition des ornements en perdant le caractère de l'individualité de la forme qui donne un si haut prix à l'œuvre du statuaire.

C'est conséquemment à ce principe que nous n'approuvons pas l'idée d'après laquelle, dans les hautes murailles de l'hôtel de ville de Paris décorées de pilastres et de colonnes, on a pratiqué de petites niches pour y mettre des statues de personnages historiques. Si la petitesse de ces statues empêche que la différence des costumes et des poses ne nuise à l'harmonie de l'ensemble, n'est-ce pas là un résultat tout à fait contraire à celui qu'on a voulu produire en offrant à la vue de la cité la figure des hommes qui par leur influence sur le développement de sa prospérité ont mérité sa reconnaissance? Si un homme est vraiment digne que la postérité lui décerne une statue, c'est sur la place publique qu'elle devra s'élever, et dans un lieu où la mémoire de cet homme est vénérée.

L'impression de la forme architectonique avec

toute la variété des détails qu'elle comporte, ne doit donc jamais, par sa grandeur, étouffer celle que la statuaire doit faire naître en reproduisant la forme humaine dans ce qu'elle a de plus grand, de plus noble, de plus idéal. Si la figure humaine peut concourir heureusement avec la forme architectonique, c'est lorsqu'un monument colossal offrira aux regards les figures d'une agglomération d'hommes accomplissant un grand acte national, un grand acte de la société humaine, dont l'objet est lié à une idée morale que la vue du monument doit perpétuer dans le temps.

CHAPITRE IV

De la Jardinique.

La jardinique envisagée dans sa plus grande généralité parle aux yeux, comme l'architecture, par des formes ; mais ces formes, loin d'appartenir à des matériaux d'origine minérale dressés par la scie ou par le marteau du tailleur de pierres, sont vivantes et la beauté de leurs couleurs variées établit une analogie d'autant plus intime entre la jardinique et la peinture, que souvent celle-ci emprunte ses modèles à la nature végétale.

Les effets de la jardinique sont de deux genres distincts, suivant qu'ils appartiennent au *jardin-français* ou au *jardin-paysage*.

Les effets généraux du jardin-français naissent de la vue des végétaux disposés par masses plus ou

moins régulières, symétriquement plantées relativement à un palais ou à un château auxquels le jardiniste les a subordonnés.

On peut dire que l'unité est le caractère du *jardin
français;* car les vues principales doivent constamment présenter le palais ou le château avec les masses de végétaux sous l'aspect de l'ensemble le plus
imposant possible : parlant aux yeux par la grandeur
et la simplicité des effets, il exige impérieusement
de la part de l'artiste jardiniste que les proportions
soient rigoureusement observées entre les édifices,
les allées et les masses végétales. Si les arbres du
bord des allées sont taillés de manière à présenter un
plan vertical de verdure, le croissant devra respecter
leurs cimes : apparaissant comme individus associés,
leurs effets doivent se lier de la manière la plus intime à l'œuvre de l'architecte afin de satisfaire par la
simplicité du plan à l'unité de l'ensemble.

Les effets principaux d'un jardin français sont simultanés, parce que le spectateur s'y trouve longtemps sous une même impression, et que les effets
secondaires, toujours bornés eu égard aux autres,
offrent peu de variété.

Dans le jardin-paysage l'unité de composition
n'existe pas, en ce sens que le spectateur doit, à mesure qu'il s'y promène, apercevoir de nouvelles vues,
de nouveaux sites, de *nouvelles scènes;* la composition n'en est donc pas soumise, comme celle du jardin français, à la condition de montrer dans toutes les
vues principales la façade du palais ou du château
simultanément avec les masses végétales que l'artiste
y a subordonnées symétriquement. Loin de là, le jar-

diniste doit être extrêmement réservé sur le nombre des points d'où l'œil pourra saisir toute l'étendue de l'œuvre de l'architecte : une conséquence de cette manière de disposer les plantations relativement à celle-ci, c'est que les vues, les sites, les scènes doivent se succéder les unes aux autres en présentant le plus de variété possible. Sous ce rapport, quoique chaque vue, chaque site, chaque scène appartienne aux effets de simultanéité, le passage des uns aux autres présente des effets de succession qui, comme imprévus, sont bien plus prononcés, bien plus grands et bien plus nombreux que ceux qu'on peut apercevoir successivement dans le jardin français, effets qui, comme je le rappelle, y sont toujours secondaires.

Enfin en disposant les arbres, les arbustes et les fleurs des massifs d'un jardin-paysage d'après un système de règles que j'ai exposé dans mon ouvrage sur le contraste simultané des couleurs, on établit une analogie remarquable entre les effets qui naissent en architecture de la disposition des parties accessoires, des ornements, et ceux qui naissent en jardinique de la disposition des formes végétales, ainsi que de la couleur de leurs feuilles et de leurs fleurs. En étudiant les effets d'un jardin-paysage planté conformément à ces règles, on peut se convaincre qu'ils ne naissent pas de principes essentiellement différents de ceux qui ont présidé au dessin d'un jardin-français. La différence réelle de ces deux compositions du même art, tient à ce que les effets de la variété sont plus nombreux dans le premier que dans le second, et ce résultat n'est en définitive qu'une simple conséquence de ce que les allées sont curvilignes dans le jardin-paysage, tandis quelles sont rectilignes dans le jardin français.

On voit donc que la jardinique a des rapports, par les formes végétales associées avec l'architecture, par les couleurs de ces formes et leur disposition, soit isolées, soit en masses subordonnées, avec la peinture; enfin dans les effets de vues variées et successives, remarquables surtout dans le jardin-paysage, la jardinique commence à s'éloigner de la sculpture, de la peinture et de l'architecture dont les effets sont essentiellement simultanés.

On peut dire que l'architecture créant un grand monument est à la géométrie développant des courbes, des surfaces, des solides par le mouvement d'un point, d'une ligne, d'un plan, ce que la sculpture retraçant la beauté idéale de la forme humaine est à la nature vivante, en ce sens que l'architecture comme la sculpture imitent en perfectionnant et en coordonnant des éléments que ni la géométrie ni la nature n'ont réunis.

La jardinique, dans le tracé des allées courbes du jardin-paysage, n'accomplit jamais son œuvre aussi heureusement que lorsqu'elle se confond avec la géométrie, soit que son tracé ne décrive qu'une courbe, soit qu'il se compose de plusieurs si heureusement continues les unes aux autres, qu'elles paraissent n'en constituer qu'une seule.

Mais le tracé de l'allée courbe présente une difficulté que ne présente jamais le tracé de l'allée rectiligne. Quel que soit le point où se trouve le spectateur dans celle-ci, jamais l'effet ne sera désagréable, qu'il regarde, par exemple, d'une des extrémités de

l'allée, l'autre extrémité, les lignes parallèles lui semblent se rapprocher, et les arbres diminuer de grandeur, et d'autant plus que l'allée sera plus longue. Il
pourra en être tout autrement dans l'allée courbe ; il
faudra toujours éviter que le spectateur, du plus loin
qu'il en verra le débouché dans une autre allée,
aperçoive l'extrémité de l'allée où il est se rétrécir ;
il faudra donc qu'au débouché les courbes s'écartent
l'une de l'autre afin d'empêcher l'effet dont nous parlons.

CHAPITRE V

De la Musique.

Toutes les fois que la matière est animée d'un
mouvement vibratoire convenablement rapide et
transmissible à l'ouïe, nous percevons des sons.

Les sons ne peuvent être qu'une abstraction, puisqu'ils émanent d'une propriété de la matière que
nous considérons comme telle (partie 1re, chapitre II) :
et j'ajoute que cette propriété d'entrer en vibrations
sonores n'étant active que passagèrement, elle n'a
pas conséquemment la permanence de la pesanteur
en vertu de laquelle un corps est *pesant*.

Les sons articulés constituent les éléments du langage, et les sons différant d'intensité, de gravité,
d'unité et de timbre, deviennent, en vertu de la condition à laquelle l'artiste les soumet, les éléments de
la musique.

La musique considérée sous le rapport exclusif des sons exprimés par de simples notes, et non par des paroles d'un sens déterminé, pour l'esprit qui les entend, est un des beaux-arts dont l'action sur nos organes a le plus de puissance : ses effets se rapportent tout à la fois à la *simultanéité* produisant l'*harmonie* proprement dite, et à la *succession* produisant la *mélodie;* mais comme je l'ai fait remarquer ailleurs (1), la part de celle-ci, bien plus considérable que celle de l'harmonie, distingue surtout la musique des beaux-arts parlant aux yeux par des effets de *simultanéité*.

Aucun des arts qui s'adressent aux yeux n'exerce des effets aussi puissants, aussi irrésistibles que le sont les effets de la musique ; car les sons émeuvent, remuent bien autrement les hommes les moins civilisés, disons même les plus grossiers, que ne le font la sculpture, l'architecture et même la peinture ; lorsque celles-ci parlent au commun des hommes, leurs effets se bornent à une seule impression sans idée d'infini, tandis que la musique, agissant par une suite d'impressions, se trouve dans une condition bien plus favorable à l'effet, puisque si on échappe aux impressions que les premiers sons tendent à produire, on pourra sentir les impressions des sons suivants, et par la perception de ces impressions, les organes se trouveront préparés à en éprouver de nouvelles, et peut-être même seront-ils disposés à recevoir des premiers sons reproduits convenable-

(1) De la loi du contraste simultané des couleurs.

ment par le musicien, les impressions qui d'abord n'avaient point été senties.

Les sons me paraissent agir avant tout mécaniquement, c'est-à-dire, en produisant en nous de véritables mouvements qui peuvent n'être pas toujours perçus, mais qui n'en existent pas moins. Ce sont ces mouvements qui, intimement liés à notre organisation, en agitant nos organes, éveillent ou assoupissent nos facultés suivant qu'ils sont variés ou monotones. Dans les deux cas nous obéissons à leur puissance, et ils peuvent ainsi modifier et même intervertir nos dispositions morales, du moins pendant un certain temps.

Si l'on considère des actes que nous exécutons, ou auxquels nous nous livrons, ou auxquels nous nous abandonnons par suite de certains mouvements que nos muscles exécutent pour ainsi dire à notre insu sous l'influence d'une *pensée* qui bien certainement *les détermine*, et c'est le point capital, sans être pourtant la *volonté* qui les ordonnerait (1), on pourra se faire une idée plus précise de l'influence de la musique sur nos organes, qu'on ne le ferait en négligeant ce genre de considérations. En effet si la pensée met vos organes en mouvement à votre insu de manière qu'un acte se révèle à l'intérieur par un phénomène qui est conséquence de ce mouvement, vous concevrez facilement, il me semble, comment les mouvements extérieurs sonores (1ʳᵉ partie, chap. II)

---

(1) Voyez la *Revue des Deux-Mondes*, année 1833, et mon livre intitulé : *De la baguette divinatoire, du pendule dit explorateur et des tables tournantes*; Paris, Mallet-Bachelier, 1854, page 187.

venant à mettre en vibration les différentes parties de
l'organe de l'ouïe et même d'autres organes tels que
le diaphragme, etc., les mouvements de ces organes,
en agissant sur les organes de la pensée, peuvent dé-
terminer ainsi mécaniquement des mouvements dans
des organes indépendants de l'ouïe, lesquels organes
mis ainsi en action à l'occasion des mouvements extérieurs sonores, donneront lieu immédiatement à
des phénomènes étrangers à ces mêmes mouvements
sonores.

Les sons s'associent de la manière la plus intime
aux mouvements musculaires; ils les règlent, s'ils
sont subordonnés aux principes de l'harmonie et de
la mélodie, ou même si, monotones, ils reviennent à
des intervalles égaux. Comme exemple du premier
cas, je cite les airs des danses des peuples civilisés ;
et pour exemple du second cas des sons peu variés,
mais également répétés, produits par un tambour ou
un instrument quelconque réglant les mouvements
d'un danseur de corde, la marche d'un régiment.

Si nous considérons les sons relativement à la mémoire, nous voyons, en réfléchissant sur plusieurs de
nos actes passés depuis longtemps, combien est
grande notre disposition à les retenir, quand ils nous
arrivent sous la forme d'un système appelé *air, ou-
verture, symphonie,* ou, en d'autres termes, sous la
forme d'une composition musicale qui a fixé notre
attention, à cause de notre plaisir à l'entendre, abstraction faite de toute parole.

Tout le monde sait combien la mémoire trouve
d'avantage dans l'association des sons musicaux avec
des paroles pour retenir les uns et les autres, de

sorte que tantôt les premiers rappellent les secondes, et tantôt les paroles font retrouver les sons musicaux. Ajoutons que la mesure et les rimes auxquelles ces paroles sont assujetties par la poésie, concourent efficacement au résultat. J'appellerai *association simple* l'association des sons musicaux avec des paroles.

Enfin si à la *double association* des sons musicaux et des sons parlés, viennent *s'associer* des souvenirs d'enfance ou de jeunesse, retraçant des actes de notre vie ou des spectacles qui nous ont frappé, ces *associations* que j'appellerai *multiples* ou *complexes*, loin de les effacer, peuvent acquérir avec le temps une intensité remarquable, comme le démontre bien un passage des *Confessions* de J.-J. Rousseau que je reproduis textuellement :

« Je suis persuadé que je lui (il parle de sa tante) (1)
« dois le goût ou plutôt la passion pour la musique
« qui ne s'est bien développé en moi que longtemps
« après. Elle savait une quantité prodigieuse d'airs
« et de chansons qu'elle chantait avec un filet de
« voix fort douce....... L'attrait que son chant avait
« pour moi fut tel que non seulement plusieurs de
« ses chansons me sont toujours restées dans la mé-
« moire, mais qu'il m'en revient même, aujourd'hui
« que je l'ai perdue, *qui, totalement oubliées depuis*
« *mon enfance, se retracent à mesure que je vieillis,*
« *avec un charme que je ne puis exprimer* Dirait-on
« que moi, vieux radoteur, rongé de soucis et de
« peines, je me surprends quelquefois à pleurer

---

(1) *Confessions*, partie Ire, livre Ier, p. 14 et 15, t. XVI de l'édition de P. R. Auguis, imprimée par Baudouin frères en 1825.

« comme un enfant en marmottant ces petits airs
« d'une voix déjà cassée et tremblante? *Il y en a un*
« *surtout qui m'est bien revenu quant à l'air ; mais la*
« *seconde moitié des paroles s'est constamment refusée*
« *à tous mes efforts pour me les rappeler, quoiqu'il*
« *m'en revienne confusément les rimes;* voici le com-
« mencement et ce que j'ai pu me rappeler du reste :

> Tircis, je n'ose
> Ecouter ton chalumeau
> Sous l'ormeau,
> Car on cause
> Déjà dans notre hameau.
> . . . .
> . . . . un berger
> . . . . s'engager
> . . . . sans danger
> Et toujours l'épine est sous la rose.

Je tire plusieurs conclusions de cette citation :

1° Rousseau, cherchant dans le passé d'agréables
images propres à le distraire des pénibles idées du
présent, se représente une tante qu'il a tendrement
chérie dans son enfance ; il se rappelle des chansons
parmi lesquelles il en est que jusque-là il avait complétement oubliées : nul doute que le souvenir de
celle qu'il cite aussi fidèlement qu'il le peut, ne naisse
non d'une *simple* association de sons musicaux et de
paroles, mais d'une association *complexe* de sons
musicaux et de paroles d'une part, et d'une autre
part des circonstances agréables où ces sons musicaux et ces paroles sorties de la bouche d'une tante
aimée ont frappé son oreille.

2° La mémoire de Rousseau a retenu plus complétement l'air que les paroles.

3° Elle a retenu les *mots rimés* du second couplet

à l'exclusion des mots qui précèdent chacun d'eux, et cela conformément à la remarque faite plus haut (page 55).

Un second exemple qui m'est personnel, en présentant quelques éléments d'une association *complexe*, par l'analyse que je vais en faire, signalera surtout la disposition où nous sommes d'attribuer à l'auteur d'une composition musicale jointe à des paroles, une intention qu'il n'a jamais eue, savoir : d'établir une telle intimité entre les sons musicaux et le sens des paroles, que l'esprit qui les perçoit par l'intermédiaire de l'ouïe, juge qu'une même pensée a présidé à leur union.

En 1803, première année de mon séjour à Paris, j'assistai à une représentation du *Mariage de Figaro* par l'élite des comédiens du Théâtre-Français; au second acte j'éprouvai de la scène de la romance tout l'effet que l'auteur s'était promis d'un tel spectacle. Aussi quarante années (1) écoulées depuis cette époque n'ont-elles pas affaibli le souvenir que j'en ai conservé. Mais qu'est-ce qui le reveille en moi? qu'est-ce qui me reporte au lieu de la scène? qu'est-ce qui me remet sous les yeux les acteurs, la comtesse Almaviva, Suzanne et Chérubin sous les traits de Mlle Contat, de Mlle Devienne et de Mlle Mars, les costumes avec leurs couleurs? *c'est la romance du page!* Mais il m'est démontré que ni la musique ni les paroles ne seraient restées dans ma mémoire, si elles n'avaient pas formé une association *complexe* avec d'autres idées.

---

(1) Ce livre a été écrit en 1843.

Quoi qu'il en soit, je fus persuadé pendant sept ans que la musique avait été composée pour les paroles, tant elle me semblait s'y adapter parfaitement ! Eh bien, un jour, pensant à tout autre chose qu'au *Mariage de Figaro*, je me rappelle l'air de *Malboroug s'en va-t-en guerre*, qui à l'époque de ma première enfance était encore chanté par toutes les bonnes d'enfants de nos départements de l'Ouest, et voici que *subitement* je m'aperçois que c'est cet air *vulgaire* que Beaumarchais a adapté à la romance de Chérubin. Il y a plus, quelques jours après une représentation du *Mariage de Figaro*, racontant ce fait à plusieurs dames, deux d'entre elles furent bien étonnées d'avoir commis la méprise dont je m'accusais (1).

Cet exemple ne démontre-t-il pas combien on serait peu fondé à attribuer aux *sons musicaux* (et par là j'entends des sons auxquels le compositeur n'a jamais pensé associer des paroles) *tout* le charme que l'on reconnaît en général à la musique ? Je parle de l'effet de la musique sur les gens du monde qui n'ont pas la prétention d'être artistes, ni même amateurs, mais qui se croient assez bien organisés pour apprécier la musique dramatique ou celle d'une simple romance.

Les deux exemples précédents, analysés comme je viens de le faire, me semblent donc démontrer *comment une musique très simple et des paroles qui n'ont rien de remarquable, en s'associant à nos souvenirs, en deviennent pour ainsi dire inséparables et con-*

---

(1) Mlle Laugier, depuis Mme Babinet, et Mlle Dufresne, depuis Mme Dumont.

*tribuent à les conserver dans notre mémoire, à cause
des idées agréables qui s'y rattachent.*

Si le dernier exemple que j'ai cité explique la raison de plusieurs des effets complexes de la scène,
lorsque l'esprit reçoit des impressions par le concours
de la vue et de l'ouïe doublement frappée par les
sons du musicien et les paroles du poète, je n'en
conclurai pas que l'effet des *grands opéras tragiques*
doit nécessairement l'emporter sur celui des *tragédies
simplement déclamées.* Loin de là ; mais pour être
compris, je dois envisager le drame relativement à
la nature de son sujet et relativement à la disposition
où se trouve le spectateur pour en être affecté.

La musique s'appliquant heureusement aux sentiments religieux, aux sentiments tendres de l'amour,
à des marches, des danses, des exercices, à des actes,
en un mot, comportant certains mouvements, il est
aisé de reconnaître les sujets tragiques auxquels elle
conviendra. D'un autre côté, dans l'obligation où se
trouve le musicien de sacrifier à des principes de *répétition*, et j'oserai dire à des *symétries de sons*, telle
action dramatique qui, ne comportant pas d'accessoire, doit aller rapidement à son dénouement, loin
de gagner à l'alliance de la musique, y perdra de son
intérêt, parce que la marche en sera ralentie, l'éner-
gie de la parole affaiblie, et les mots sublimes que le
dialogue pourra renfermer ne frapperont pas l'esprit
comme ils l'auraient fait en y arrivant par la simple
déclamation. Tel est du moins l'effet d'un sujet essentiellement tragique, qu'il s'appelle *les Horaces,
Rodogune, Athalie* ou *Mérope.* Mais dans *Athalie*, la
scène des prophéties montre toute la grandeur des

effets auxquels s'élève la poésie la plus sublime, parlant, non pas *en même temps* que la musique, mais *alternant* son langage avec les accords de celle-ci, ou en d'autres termes recourant à des impressions *de succession* et non de *simultanéité !*

En disant que tout ce qu'il y a de plus élevé, de plus sublime dans la tragédie, s'abaisse en s'alliant à la musique, qui alors est bien certainement un accessoire à l'œuvre du poète, je reconnais les motifs d'après lesquels plusieurs classes de personnes préfèrent la tragédie chantée à la tragédie simplement déclamée : les unes par l'étude approfondie qu'elles ont faite de la musique ; les autres par le goût qu'elles ont pour elle, par leur habitude d'en parler, d'en développer les beautés à leur manière, ne craignant pas de contradictions graves, parce que les sons musicaux dénués du sens précis de la parole, se prêtent en raison de ce vague même à toutes les interprétations qu'on veut leur donner. Enfin il est des personnes pour qui le chant du musicien ajoute toujours au charme de la parole qu'il accompagne, en raison d'une disposition d'après laquelle beaucoup de gens trouvent trop simples les plus belles lignes de l'architecture monumentale, trop unies les surfaces grandioses qu'elle offre à la vue, trop simples et trop peu nombreux les accessoires distribués avec discrétion sur un monument par le génie, à la condition expresse qu'ils ne nuiront jamais à l'effet de l'ensemble.

CONCLUSIONS DU LIVRE I

Les beaux-arts nous présentent donc un résultat parfaitement conforme à celui que nous a offert l'examen des connaissances scientifiques ; de sorte que pour les plaisirs comme pour les pensées sérieuses, fruits de la réflexion, qui constituent les sciences, nous ne pouvons saisir qu'un petit nombre d'effets que l'artiste a choisis ou détachés d'un ensemble afin de les faire percevoir tout autrement qu'ils ne l'auraient été s'il les avait présentés en plus grand nombre : et c'est là ce qui explique comment les beaux-arts ne parlant que par abstraction ou par des qualités ou des propriétés faisant partie d'un ensemble tout à fait indivisible, créent des œuvres compréhensibles pour des hommes qui ne sont pas lettrés.

Mais lorsque je reduis le langage des beaux-arts à des abstractions, il m'importe de faire remarquer que leurs effets comme abstractions sont d'autant moins nombreux que les intelligences auxquelles ils parlent sont moins civilisées, moins cultivées ; car plus elles l'ont été, et plus elles sont, je ne dis pas accessibles à recevoir des impressions, mais disposées à associer aux impressions de ces abstractions d'autres idées. C'est dans ces aptitudes à grouper des pensées autour de l'impression produite par un chef-d'œuvre, qu'est l'explication des véritables jouissances d'un esprit que la culture a agrandi sans en affaiblir la sensibilité.

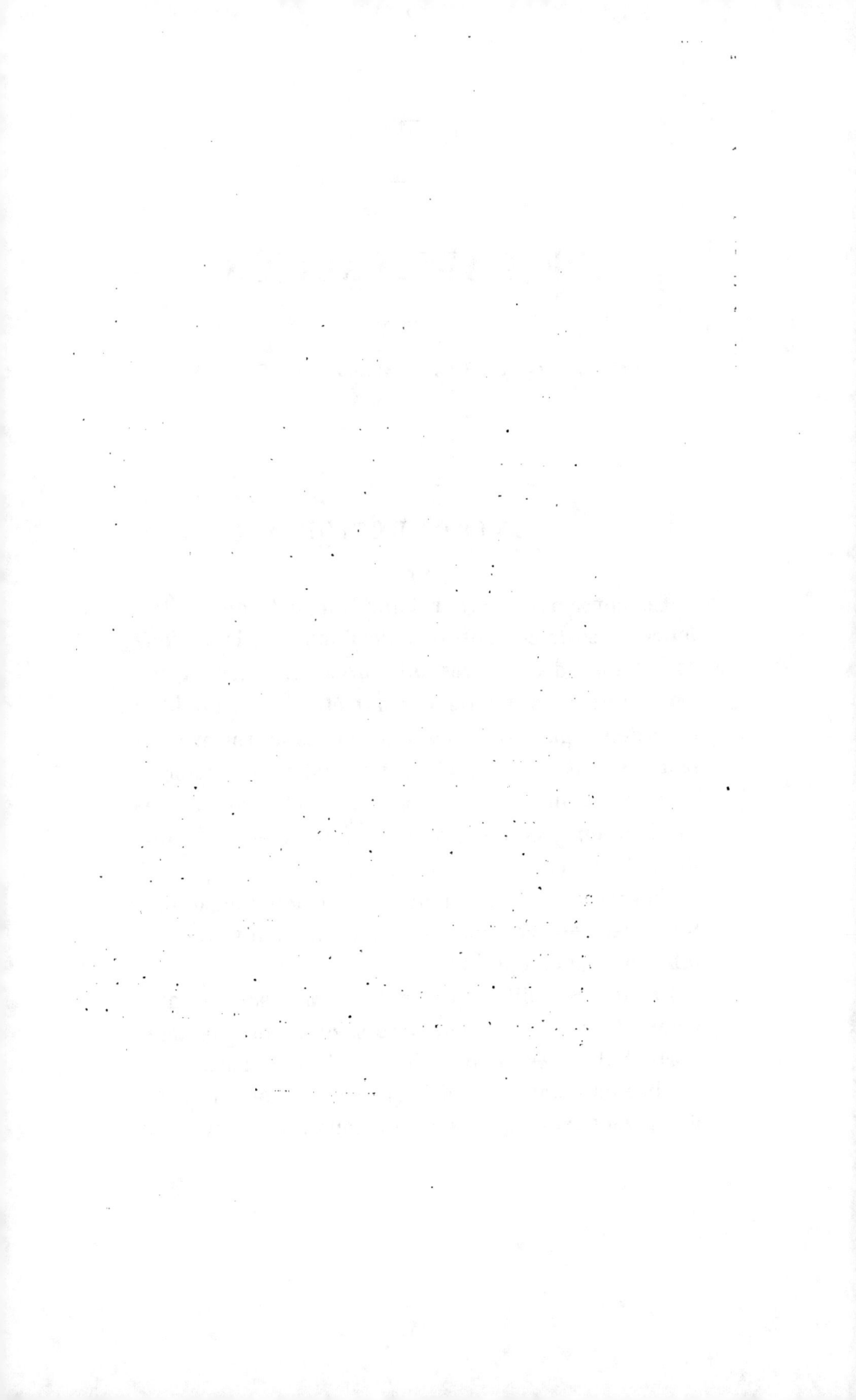

LIVRE II

—

DE L'ABSTRACTION

CONSIDÉRÉE

DANS LES RAPPORTS DES BEAUX-ARTS AVEC L'HOMME

INTRODUCTION

En consacrant ce livre aux rapports des belles-lettres avec la connaissance de l'homme, je ne veux parler que des œuvres littéraires assimilables aux œuvres des beaux-arts qui ont été l'objet du livre précédent, parce que les unes et les autres présentent un tout fini auquel on ne peut rien ajouter ni rien retrancher sans le dénaturer; chacune d'elles est donc un produit complet et individuel de l'esprit de son auteur.

En effet, un poème épique, un poème dramatique, un roman, ont ce caractère autant qu'une statue, un tableau, une composition musicale.

Les œuvres littéraires dont je parle sont absolument dépourvues du caractère scientifique que comportent d'autres compositions littéraires parmi lesquelles on compte les histoires soit des peuples, soit des personnages que nous appelons historiques, soit

des lettres, des sciences, des arts, enfin des individus
qui se sont fait un nom en cultivant ces trois branches
du génie de l'homme.

Parlons maintenant des analogies et des différences
qu'on peut noter entre les œuvres du statuaire, du
peintre, de l'architecte, du jardiniste et du musicien
d'une part, et d'une autre part les œuvres littéraires
que j'attribue aux belles-lettres proprement dites.

Les œuvres de la sculpture, de la peinture, de
l'architecture se rapportent aux effets de la simultanéité ; il en est de même des œuvres de la jardinique
dans leurs effets principaux ; cependant le jardin-
paysage en présente qui appartiennent sans doute à
la succession ; enfin dans la musique ces derniers effets
ont un caractère de prédominance incontestable sur
les effets de simultanéité comme le témoigne la perception des sons musicaux. Or c'est cette perception
qui établit le lien le plus intime entre la musique et
les ouvrages des belles-lettres que nous lisons ou dont
nous entendons la lecture ou le récit ; mais il faut
remarquer que si les paroles de l'écrivain nous par-
viennent successivement à la manière des sons musicaux, le sens parfaitement défini de ces paroles permet
à la mémoire sinon de les retenir d'une manière absolument fidèle, du moins d'en conserver l'esprit essentiel. Il arrive donc que dans la lecture, ou dans
le récit qui frappe l'oreille, les idées se succèdent
d'une manière continue, et que les paroles relatives
à des formes concrètes du monde extérieur deviennent dans le langage de l'écrivain des images qui, quoique se développant successivement à l'esprit, peuvent
y causer pourtant des impressions plus profondes

que ne l'auraient été les impressions produites par la
vue même des formes concrètes du monde extérieur.
C'est avec ce commentaire que je comprends le *ut
pictura poesis erit* d'Horace.

Les œuvres que je rapporte aux belles-lettres proprement dites sont l'*épigramme*, l'*apologue*, les *poésies pastorales*, les *poésies didactiques*, les *poésies
lyriques*, les *poésies épiques*; les *pièces dramatiques* en
vers ou en prose, les *discours plus remarquables par
la forme que par la nouveauté* ou l'*originalité des
idées*, les *compositions épistolaires*, les *romans* enfin.

Il n'entre pas dans mon plan de considérer les œuvres
littéraires que je viens d'énumérer au point de vue
où elles le sont généralement dans les traités de rhé-
torique ou de belles-lettres. Je me propose simplement de consacrer deux chapitres à développer ma
pensée relativement au caractère d'abstraction que je
leur attribue, puis à tirer quelques conséquences de
ma manière d'envisager les œuvres littéraires par
rapport aux règles que leurs auteurs peuvent avoir
observées; car à mon point de vue, les règles dont on
a tant parlé quand on en a considéré l'ensemble comme
un *code littéraire*, ont leur raison d'être dès qu'on
tient compte de la limite des organes de nos sens et
de la faiblesse de notre esprit, eu égard au nombre
des images variées que nous pouvons apercevoir
clairement et au temps nécessaire à une perception
précise des sensations capables d'agir sur l'esprit et
sur le cœur, de sorte que ces règles sont de simples
conséquences déduites de la nature même de nos organes et de nos facultés intellectuelles relativement
aux effets que l'écrivain veut produire.

CHAPITRE PREMIER

En quoi consiste l'abstraction dans les œuvres des belles-lettres proprement dites.

Toutes les compositions que je comprends dans le domaine des belles-lettres proprement dites présentent au plus haut degré le caractère de l'abstraction, soit que l'auteur y énonce directement sa pensée, comme le fait le poète épique, soit qu'elles s'y trouvent exprimées indirectement par la bouche de personnages parlant en leur propre nom, à la manière de ceux qui concourent à une action dramatique.

Mais je serais justement accusé de manquer de clarté, si je ne distinguais pas les formes différentes sous lesquelles l'abstraction apparaît dans la composition littéraire ; car sans cette distinction, les vrais rapports des œuvres écrites du littérateur avec les œuvres de l'artiste d'une part, et d'une autre part avec les œuvres des savants, disparaîtraient tout à fait.

Les éléments de la composition littéraire sont de deux ordres : les uns, du domaine de la nature physique, affectent les organes de nos sens ; ils appartiennent à des objets animés ou inanimés ; les autres, dépendants de la nature morale, sont le produit de la pensée humaine repliée sur elle-même ou réfléchissant à des actes qui peuvent nous paraître tout à fait indépendants du monde matériel placé hors de nous. De là nous distinguons des *pensées générales,* des *des-*

criptions et des *raisonnements;* mais les pensées générales, comme les descriptions, comme les raisonnements, peuvent se rapporter à des choses de la nature
physique aussi bien qu'à des choses de la nature morale.

a) *Pensées générales.*

Toute pensée générale relative au monde physique
ou au monde moral est une abstraction. Elle peut être
un axiome, un principe, une loi de la nature, un précepte, une moralité. Elle peut faire partie des œuvres
littéraires de tous les genres.

Ainsi l'*épigramme,* dont le principal mérite est l'expression d'une généralité lors même qu'elle se compose de plusieurs pensées, présente essentiellement
le genre d'abstraction dont je parle. Il en est de même
de la fable dans laquelle l'auteur, après avoir parlé
en son nom ou prêté la parole à des animaux, à des
plantes et même à des objets inorganiques, finit généralement par une moralité qui, déduite d'antécédents
ou de prémisses, est une conclusion applicable à un
nombre infini de cas analogues au sujet de la composition.

Je citerai encore d'une manière particulière la *poésie didactique* exposant des lois de la nature, des
principes, des règles, recommandant des préceptes.
Enfin les pensées générales ne sont point incompa-
tibles avec la *poésie lyrique,* la *poésie épique,* les com-
positions dramatiques et *épistolaires,* et le *roman.*

b) Description.

Toutes les compositions littéraires admettent la *description* dont l'objet peut appartenir au monde physique ou au monde de l'imagination, et dans les deux cas cet objet est décrit à l'instar de ceux qui tombent sous nos sens. La description s'applique aussi aux qualités morales d'un être corporel ou d'un être purement spirituel.

On peut encore considérer comme description, le récit de l'état physique ou moral d'une ou de plusieurs personnes qui se trouvent dans des circonstances déterminées, en tant que ce récit ne se compose pas de raisonnements et de dialogue, où les penchants, les intérêts, les passions sont aux prises.

Toutes les compositions comportent la description.

La description d'un objet inanimé ou animé faisant partie du monde extérieur se compose d'abstractions dont chacune représente une propriété, une qualité de l'objet, une de ses manières d'être par rapport à nous ou à l'écrivain; en un mot cette description, sauf la forme qui doit être pittoresque ou élégante, est au fond la même que celle d'un corps brut, d'une plante, d'un animal, faite par le savant. Toute description est successive, puisque les propriétés ne sont exposées que l'une après l'autre; mais l'écrivain tendra toujours à ce que l'objet décrit se présente à l'esprit avec l'ensemble des propriétés, des qualités qu'il lui a attribuées, en un mot comme une image douée des propriétés et des qualités qu'il a choisies.

Si la description porte sur un ensemble d'objets, il

s'efforcera de représenter cet ensemble par les rapports qu'il établira entre eux ; de manière que l'esprit auquel il parle puisse se représenter l'existence de cet ensemble comme le peintre pourrait le faire dans un tableau qui en reproduirait l'image. Cette description est successive ainsi que celle d'un seul objet ; mais elle doit présenter tous les rapports mutuels des différents objets comme des effets de simultanéité dans un même instant. Si l'ensemble des objets dont on parle éprouve avec le temps des changements dans les rapports de simultanéité, la description les exposera suivant l'ordre de succession, mais l'auteur s'efforcera toujours de distinguer la co-existence des rapports de simultanéité pour chaque instant, et toujours pour se conformer au précepte *ut pictura poesis erit.*

Si les propriétés, les qualités d'un objet inanimé décrit par le littérateur sont considérées comme des abstractions, à plus forte raison les attributs d'un être vivant, et surtout les attributs de la nature morale qu'on pourra lui reconnaître, devront-ils l'être.

c) *Raisonnements.*

Enfin, les raisonnements qui se trouvent dans le plus grand nombre des compositions littéraires sont de pures abstractions, quelles que soient d'ailleurs les formes variées qu'ils affectent ; mais en mentionnant ici les *raisonnements* comme éléments des œuvres littéraires, je ne parle pas du *raisonnement* qui a présidé au choix du sujet traité par l'auteur, à la

forme qu'il a préférée à toute autre, enfin à la
coordination des diverses parties de l'œuvre, en un
tout unique. Je n'entends parler que des raisonnements *explicites* par lesquels l'auteur veut prouver
quelque proposition ou veut faire partager une opi-
nion, un sentiment même; conséquemment ces raisonnements s'adressant au lecteur *paraissent* dans
l'œuvre, et sous ce rapport ils se distinguent absolument du raisonnement qui a présidé à la composition
et qui *ne paraît pas* autrement que par l'influence
qu'il a eue dans le choix des éléments de la composition et dans leur coordination.

En définitive les éléments en lesquels je viens de
réduire les œuvres de pure littérature sont des *abstractions* que l'écrivain présente successivement à
l'esprit au moyen du langage; mais grâce à la mémoire, les abstractions arrivées successivement présentent un ensemble de choses simultanées : de sorte
que l'écrivain peut décrire une statue en en énonçant
les qualités, un tableau, un monument, un jardin; et
il y a plus, c'est qu'il peut faire entrer dans la description des objets que le statuaire, le peintre, l'architecte, le jardiniste, ne pourraient placer dans leurs
œuvres. Enfin l'écrivain peut prêter la parole aux
personnages qu'il met en scène.

CHAPITRE II

Des compositions des belles-lettres proprement dites considérées par rapport aux règles que leurs auteurs peuvent avoir observées.

Les œuvres des belles-lettres proprement dites, comme celles des beaux-arts, sont faites pour l'agrément de la vie et le charme de l'esprit, plutôt que pour l'utilité proprement dite. Si elles doivent toucher, émouvoir, plutôt qu'instruire, cependant le but que doit se proposer le littérateur ne serait pas absolument atteint, si, tout en parlant au cœur et à l'imagination, il négligeait complétement d'éclairer l'esprit et d'améliorer les qualités morales de l'homme autant qu'il peut le faire, sans pourtant donner à l'œuvre la forme qui caractérise particulièrement l'œuvre dogmatique ou scientifique.

Lors même qu'on refuserait aux belles-lettres l'influence que je leur reconnais pour perfectionner l'esprit et améliorer les mœurs, il est impossible de ne pas admettre la part que doit avoir nécessairement la raison dans toute composition littéraire, dont l'auteur, respectant le public à l'égal de lui-même, écrit autant pour la postérité que pour ses contemporains.

Je vais dire comment je comprends l'influence de la raison dans l'œuvre littéraire, et l'analogie de celle-ci avec l'œuvre scientifique qui, n'appartenant pas aux mathématiques pures, a pour objet les phénomènes de la nature inorganique ou organique. Le

littérateur doit être observateur comme l'est le savant qui s'applique à connaître le monde extérieur ;
car, l'ouvrage du premier comme celui du second ne
vit qu'à la condition d'être vrai dans l'expression des
sentiments, des affections, des passions et dans la
description des objets du monde extérieur, aussi
bien que dans ces raisonnements propres à nous
donner certaines opinions, à éveiller en nous certaines idées ou à nous pénétrer de quelques vérités.

De la composition sous le point de vue de la raison qui en choisit les éléments
pour en composer un tout.

La raison doit présider à l'œuvre littéraire, après
même qu'elle a déjà dirigé l'auteur dans les observa-
tions que le monde extérieur et le monde moral lui
ont fournies.

La première règle qu'elle lui impose est de ne
présenter dans le sujet qu'il traite qu'un petit nombre des rapports sous lesquels ce sujet est susceptible
d'être envisagé ; et, cette règle trouve sa justification
dans la difficulté que nous éprouvons à suivre sans
fatigue les rapports d'un certain nombre de choses
successives ; car, personne n'ignore combien est li-
mité dans son action l'organe le plus élevé certainement par le nombre et l'importance des rapports
du monde extérieur qu'il est apte à saisir ; en effet,
fixons-nous les yeux sur un certain nombre d'objets
afin d'en apprécier les modifications, quant à la manière dont la lumière blanche et la lumière colorée
se trouvent distribuées à leur surface, nous savons
tous que, si les objets sont nombreux, nous n'en voyons

de parfaitement distincts qu'un très petit nombre à
la fois; s'agit-il de quelques objets d'une certaine
grandeur, le résultat est le même encore. Pour apercevoir toutes les modifications d'ombres, de clairs, de
couleurs qu'ils nous montrent, il faut donc du temps, et
cela, parce que l'œil n'en apprécie les rapports qu'après
en avoir regardé successivement les diverses parties.

Cet exemple fait comprendre, selon moi, la
difficulté de suivre sans fatigue pour l'esprit les
rapports d'un certain nombre de choses successives,
parce que j'assimile les impressions qu'une peinture
fait sur notre esprit à des impressions que nous recevons de la lecture d'une œuvre littéraire; dès lors,
l'œuvre d'un auteur qui ne saurait pas se borner,
paraîtrait confuse au lecteur, et par là serait incapable
de toucher et d'émouvoir; elle n'inspirerait pas l'intérêt sans cesse croissant qui nous excite à lire jusqu'à la fin un livre bien composé; elle manquerait
enfin de cet attrait, de ce véritable charme par lequel
nous sommes incessamment entraînés à relire le livre
qui a conquis nos sympathies, comme à contempler
sans cesse l'œuvre sculptée ou peinte d'un grand
artiste. Le mérite et les beautés semblent augmenter
avec le temps que nous donnons à la lecture du premier et à la contemplation de la seconde.

Le littérateur ne pouvant jamais exposer tous les
rapports du sujet qu'il traite, est donc dans la nécessité de *choisir* et de se rendre à lui-même un compte
parfaitement clair des effets qu'il recherche, afin
d'arriver sûrement par un raisonnement ultérieur à
l'emploi des moyens les plus propres à atteindre le
but qu'il s'est proposé.

Qu'est-ce donc que *choisir* en littérature, sinon faire l'*analyse* du sujet qu'on veut traiter afin de trouver les attributs, les qualités que l'on peut en prendre, et les rapports les plus convenables à l'aspect sous lequel on veut présenter ses pensées? Qu'est-ce que *composer* en littérature, sinon réunir ces attributs, ces qualités, véritables abstractions, pour en coordonner les rapports, de manière à en faire un tout unique, par une *synthèse* habile et réfléchie? En cela, le littérateur va plus loin que le grammairien, quand celui-ci se borne à imposer un nom à un objet, sans se préoccuper de ses propriétés, de ses qualités, de ses attributs; cependant le nom imposé à l'objet est un *signe* qui comprend implicitement toutes les propriétés, toutes les qualités, tous les attributs de l'objet (1).

Examinons maintenant les trois éléments signalés plus haut, dans les compositions littéraires, les *pensées générales*, les *descriptions*, et les *raisonnements*, relativement au choix que doit en faire le littérateur et à la manière dont il doit les coordonner.

a) *Pensées générales.*

Les pensées générales doivent toujours avoir un caractère évident d'exactitude, de vérité, et, si elles ont des antécédents, elles doivent en être des conséquences.

L'épigramme peut se réduire à une pensée générale exprimée de la manière la plus laconique; mais,

---

(1) Voir le dernier alinéa de la postface.

si elle a une certaine étendue, la pensée générale peut être énoncée d'abord, ou bien, l'être à la fin, sous forme de conclusion des prémisses, ainsi que cela a lieu généralement dans la fable.

L'œuvre didactique expose ordinairement les pensées générales avant tout, sous la forme de principes dont elle déduit ensuite les conséquences de la manière la plus poétique possible.

Dans le poëme épique, dans les compositions dramatiques, les pensées générales sont le plus souvent, comme dans l'apologue, des conclusions qui se rapportent à un récit ou à un dialogue.

b) Descriptions.

Si l'œuvre littéraire parle des objets du monde physique, en décrit les propriétés, les qualités, les attributs, et si, sous ce rapport, elle se rapproche de l'œuvre scientifique, la forme des descriptions l'en éloigne beaucoup; car, loin de chercher à faire connaître de la manière la plus approfondie l'ensemble des propriétés de l'objet dont elle parle en l'envisageant sous *tous* les rapports possibles, elle s'impose la loi de n'offrir, dans les images qu'elle présente à l'esprit, qu'un petit nombre de traits et encore de ceux qui lui paraissent les plus saillants; elle fait un choix des propriétés, des qualités, des attributs les plus convenables à montrer le sujet qu'elle a choisi au point de vue le plus favorable à l'effet qu'elle veut produire : mais, après avoir décrit, représenté à l'esprit un objet avec quelques-uns seulement de ses attributs, il lui est permis de le reproduire ultérieurement dans

d'autres cas, dans d'autres instants avec de nouveaux
attributs; et sous ce rapport de succession, la littérature diffère beaucoup de la peinture d'après la remarque que j'en ai faite plus haut (page 17), mais dans
chaque cas particulier, *comme la peinture,* elle ne
présente en un même temps *qu'un certain nombre
d'abstractions choisies.*

Si nous passons de la description d'objets du monde
extérieur ou d'objets imaginaires, à la description des
affections, des sentiments, des passions de personnes
quelconques mises en scène, nous verrons qu'il y
aura toujours à choisir parmi les affections, les sentiments, les passions que l'auteur attribuera à chacune
d'elles dans un moment donné. — Pour peu que la
composition littéraire ait quelque étendue, qu'elle
fasse agir, parler plusieurs personnages, dans une
épopée, dans une pièce de théâtre, la raison devra
avoir une grande part au choix des sentiments à exprimer, et, pour ne pas manquer le but, elle devra
profiter de toutes les lumières qu'une étude approfondie du cœur humain pourra lui fournir.

c) Raisonnements.

Les raisonnements dans les compositions littéraires
doivent être aussi vifs, aussi pittoresques que possible lorsqu'ils font partie d'une œuvre didactique,
telle qu'un poëme, une épître philosophique dont ils
sont la partie dominante. Dans les autres compositions
où, servant de lieu à tous les éléments de l'œuvre, ils
ne dominent pas cependant, ils doivent être concis,
surtout s'ils sont censés émaner de l'auteur; mais, il

en est autrement, s'ils font partie d'une sorte de dis-
cussion soutenue par les personnages d'une composition dramatique ; car, leur intimité avec l'action doit
être telle qu'ils se présentent alors au spectateur
comme des actes mêmes propres à faire connaître ces
personnages, et non comme des raisonnements propres à appuyer des opinions personnelles à l'auteur.
Aussi remarque-t-on que le juge impartial et éclairé
accorde rarement son suffrage aux compositions
dramatiques où le dialogue semble retracer bien plus
les opinions de l'auteur que celles qu'on peut sup-
poser aux personnages, en ayant égard à leur âge, à
leur sexe, à leur pays, à leur vie sociale et au temps
où se passe le drame.

*Ensemble de la composition sous le point de vue de la raison
qui doit y présider.*

Si nous considérons l'ensemble d'une composition
relativement à l'emploi raisonné des trois éléments
principaux que nous y avons reconnus, les pensées
générales, les descriptions et les raisonnements servant de lien aux deux autres éléments, nous parvien-
drons sans peine à justifier certaines règles qui, quoi
qu'on en ait dit, doivent être observées dans toute
œuvre littéraire étendue, parce qu'elles reposent sur la
nature de l'homme, et je m'estime heureux d'être
parvenu à en reconnaître la nécessité, quoique parti
d'un point bien différent de celui où se place le rhé-
teur qui les enseigne.

Ainsi, dans toutes les compositions littéraires de
quelque étendue, il doit y avoir une certaine unité

d'intérêt dans le sujet ; car, du moment où plusieurs
objets divers attirent l'attention, celle-ci, hors d'état
de se concentrer sur ce qu'elle pourrait saisir d'un
objet ou de quelques objets isolés , s'éparpille , et,
l'intérêt qu'on voulait exciter s'affaiblit ; tandis qu'au
contraire, l'auteur s'empare de l'esprit du lecteur ou
de l'auditeur, s'il groupe secondairement et habilement différents objets autour d'un objet principal, et
à l'aide même de la variété, il le dirige sur cet objet
principal ; dès lors la variété, loin de nuire à l'unité,
la fait valoir au contraire; et à cause de sa diversité
même en parlant à la diversité des esprits, elle s'empare de chacun d'eux pour les amener ensuite à un
but unique par des chemins divers.

Les considérations précédentes font donc sentir la
nécessité d'une unité de sujet, non seulement dans
une composition épique ou dramatique, mais encore
dans un poëme didactique ; car évidemment trop de
détails, trop de digressions, en devenant fastidieux ou
en rappelant trop la science , perdraient tout à fait
le caractère de la forme littéraire. Mais c'est surtout
dans l'œuvre dramatique que la relation des règles
avec les effets essentiels à la composition de cette
œuvre littéraire peut être portée jusqu'à l'évidence :
car ce n'est plus l'auteur qui parle, ce sont des personnages concourant à une action dont le spectateur
voit le commencement, la complication et le dénouement. D'après cette définition même le moyen de
porter l'illusion au plus haut degré est certainement
que l'auteur observe l'unité d'action, l'unité de temps
et l'unité de lieu autant que possible.

Gardons nous donc d'abolir ces règles sous le

prétexte de la médiocrité des productions littéraires
qu'on attribuerait à une imitation servile d'écrits qui
ne périront pas tant qu'il existera des sociétés humaines animées du sentiment du beau et douées du
bon goût de la forme et du fond de l'œuvre littéraire !

———

POSTFACE.

Les deux livres qu'on vient de lire *sur l'abstraction
considérée dans les rapports des beaux-arts et des belles-
lettres avec l'homme,* en paraissant isolés de l'ensemble dont ils font la IVᵉ partie, pourraient être
jugés défavorablement, si on les envisageait exclu-
sivement au point de vue absolu de la forme littéraire.
Mais, il y aurait erreur; car, si mon œuvre a quelque
mérite, elle le tire de l'enchaînement des idées. Or
cet enchaînement est la conséquence de ma définition
du mot *fait.* C'est grâce à elle que je puis établir une
intimité de relations mutuelles entre l'œuvre du savant,
l'œuvre du littérateur, l'œuvre de l'artiste et l'œuvre
de l'historien, intimité qui, j'ose le dire, ne peut être
démontrée autrement. C'est grâce encore à la disposition en deux colonnes que j'ai donnée aux diverses
sciences naturelles, en distinguant celles dont le
but est de connaître le *concret,* d'avec les sciences
qui ont l'*abstrait* pour objet, comme le montre un
tableau inséré au *Journal des Savants* (1), que l'on

———

(1) *Journal des Savants,* 1864, p. 101.

peut, au moyen d'un second tableau placé à la droite
du premier, se représenter clairement :

1° Ce qu'on appelle une *abstraction réalisée ;*

2° Les relations existant entre l'œuvre du sculpteur
ou du peintre et l'œuvre du littérateur, et même les
relations de celle-ci avec l'œuvre du musicien ;

3° Les relations de ces œuvres avec celles du savant qui sont comprises dans le 1ᵉʳ tableau.

Je mets un spécimen de ces tableaux sous les yeux
du lecteur.

P.-S. — Si le lecteur avait trouvé quelque obscu-
rité à ce que j'ai dit (page 48) du littérateur et du
grammairien, relativement au *nom* que je suppose
avoir été donné à un objet par celui-ci, lequel *nom*
désigne cet OBJET sans en définir les propriétés, *quoique
les comprenant toutes implicitement,* je le prierais
de recourir au *Journal des Savants,* année 1864,
pages 101, 102, 103 et 104.

PREMIER TABLEAU.

SCIENCES PHYSIQUES ET NATURELLES.

Science du concret.	Science de l'abstrait.

SUBSTANTIF. Adjectif.	Nom abstrait.	{ attribut. qualité. propriété.
chose objet corps être. { long pesant	donne la propriété qui devient un substantif abstrait.	{ longueur (mesurée). pesanteur (mesurée).

CHIMIE.	PHYSIQUE. Sonorité.
BOTANIQUE.	BOTANIQUE.
Individus.	Espèces, genres, familles, ordres, classes.
ZOOLOGIE.	ZOOLOGIE.
Individus.	Espèces, genres, familles, ordres, classes, embranchements.
ANTHROPOLOGIE.	
ANATOMIE ZOOLOGIQUE.	Anatomie zoologique Anatomie générale. comparée.

PHYSIOLOGIE VÉGÉTALE.	PHYSIOLOGIE VÉGÉTALE COMPARÉE.
PHYSIOLOGIE ZOOLOGIQUE.	PHYSIOLOGIE ZOOLOGIQUE COMPARÉE.
MÉDECINE.	MÉDECINE COMPARÉE.
NOMINALISME.	RÉALISME.